AF230208

ESSAI

D'UNE

NOUVELLE DÉCLARATION

DES DROITS DE L'HOMME

DEUXIÈME ÉDITION

PUBLIÉE PAR LES SOINS DE

P. DELAGRANGE

Membre de la Société internationale d'économie sociale,
de la Société d'économie chrétienne,
de l'Union de la paix sociale, de la Société académique de Cherbourg,
de la Société des études catholiques, etc.

SOCIÉTÉ GÉNÉRALE DE LIBRAIRIE CATHOLIQUE

PARIS	BRUXELLES
VICTOR PALMÉ, directeur général,	J. ALBANEL, dir. de la succursale,
76, rue des Saints-Pères, 76.	29, rue des Paroissiens, 29.

GENÈVE, GROSSET et TREMBLEY, libraires-éditeurs,
4, rue Corraterie, 4

ESSAI

D'UNE

NOUVELLE DÉCLARATION

DES DROITS DE L'HOMME

*Cet Essai d'une nouvelle Déclaration des droits
de l'homme est le résumé de la première partie
d'un corps de doctrines sociales en préparation,
comprenant cinq parties :*

1° Grands principes sur l'existence de l'homme et des
sociétés (se résumant par la Déclaration des droits).

2° Conditions des services publics, — principes du droit
politique.

3° Conditions de l'activité privée pour le travail, la propriété, la famille, la religion, — principes du droit
privé.

4° Conditions du concert des services publics et de l'activité privée, — principes du droit administratif.

5° Application des principes dans les codes, les mœurs,
les professions, — réformes désirables.

ESSAI

D'UNE

NOUVELLE DÉCLARATION

DES DROITS DE L'HOMME

———

DEUXIÈME ÉDITION

PUBLIÉE PAR LES SOINS DE

P. DELAGRANGE

Membre de la Société internationale d'économie sociale,
de la Société d'économie chrétienne,
de l'Union de la paix sociale, de la Société académique de Cherbourg,
de la Société des études catholiques, etc.

SOCIÉTÉ GÉNÉRALE DE LIBRAIRIE CATHOLIQUE

PARIS	BRUXELLES
VICTOR PALMÉ, directeur général,	J. ALBANEL, dir. de la succursale,
76, rue des Saints-Pères, 76.	29, rue des Paroissiens, 29.

GENÈVE, GROSSET et TREMBLEY, libraires-éditeurs,
4, rue Corraterie, 4

AVERTISSEMENT

Le grand mal de la France, l'obstacle à ses aspirations de stable prospérité, c'est, suivant l'expression de M. Thiers, l'anarchie intellectuelle[1], juste qualification des divergences et incohérences sur les vérités les plus essentielles, sur les conditions fondamentales d'existence de l'homme et des sociétés. C'est parce que nous manquons de bonnes doctrines sociales, que les luttes des partis politiques nous troublent si profondément.

La cause de ce mal est d'abord que l'absolutisme de l'ancien régime et les idées politiques des gallicans firent oublier les vraies doctrines. Déjà très bien présentées dans l'antiquité par Aristote et Cicéron, elles avaient été éclairées des lumières de la foi au moyen âge par saint Thomas et par ses commentateurs, qui en firent la philosophie morale, le droit naturel s'épanouissant dans les diverses branches du droit social. Mais, en 1789, dans cette vigoureuse aspiration de notre nation à une rénovation politique et sociale, admise comme nécessaire par tous, même par le roi, lorsque l'Assemblée constituante, chargée de la réforme des institutions, voulut rappeler les principes sociaux essentiels, alors l'enseignement de nos grands docteurs orthodoxes était si complètement délaissé, que même les mem-

---

1. Voir particulièrement ses discours à l'Assemblée, au commencement de 1872.

bres du clergé à l'Assemblée se contentèrent des idées superficielles du philosophisme rationaliste, matérialiste, en honneur à cette époque. Et ce fut un des grands prélats de France, Champion de Cicé, archevêque de Bordeaux, qui présenta à l'Assemblée, comme résumé des principes sociaux, la célèbre Déclaration des droits de l'homme, votée dans la nuit du 4 août 1789.

Cet acte a bien trompé les espérances qui l'accueillirent comme la lumière d'une ère nouvelle. Ses affirmations n'ont que l'apparence d'une généralisation philosophique; les idées, en dehors des faits particuliers, y sont vagues au lieu d'être synthétiques : de sorte que, grâce à l'emploi de mots mal définis, sans être formellement contraire à la foi chrétienne, elle permet les interprétations les plus subversives. C'est surtout parce que cette Déclaration des droits de 89 est aussi superficielle et fictive, que notre pays se trouve encore actuellement dans l'incohérence des principes, dans l'anarchie intellectuelle.

Si l'on s'étonne que, depuis près d'un siècle, la Déclaration des constituants et les principes de 89, qu'elle résume, n'aient pas été corrigés et complétés, on peut en reconnaître facilement les raisons. D'une part, ceux qui aspirent comme les constituants à la rénovation, au progrès, ceux qui se disent partisans des principes de 89, ceux-là ont fait de la Déclaration des droits un drapeau politique et social, qu'ils respectent à l'égal des tables de la loi dans l'arche sainte; et lorsque la constitution politique déclarait se baser sur les principes de 89, comme sous le dernier empire, ce respect devenait obligation légale : de sorte que la libre discussion philosophique, pour corriger les principes, s'est trouvée fort entravée. Du reste, les partisans de 89, retenus par la tradition des constituants, n'ont guère cherché à étayer leurs principes sociaux sur une meilleure philosophie.

D'autre part, l'horreur des excès révolutionnaires a fait retrouver des partisans à l'ancien régime. Ils ont remis en honneur les doctrines de la politique gallicane, affirmant que le seul gouvernement légitime est l'absolutisme héréditaire, inamissible, s'imposant de droit divin. Et ces idées du gallicanisme continuent encore aujourd'hui à avoir leurs adeptes, qui semblent à plaisir ignorer ou dissimuler les affirmations de nos grands docteurs orthodoxes. Non moins que leurs adversaires, ils sont fort superficiels sur les doctrines sociales.

Malheureusement, les partisans de 89 ne considèrent pas avec quelle légèreté les sectateurs de l'ancien régime invoquent la religion à l'appui de leurs visées politiques. Quoique ces derniers reproduisent les idées de la politique gallicane, ils sont appelés ultramontains, cléricaux. On prend pour vraies leurs assertions que le catholicisme est opposé aux généreuses et légitimes aspirations de 89 ; que par suite il est contraire à notre rénovation, au progrès. Et c'est ainsi que, dans les débats acharnés des partis politiques, se trouve faussée et vilipendée la religion qui est pratiquée par la généralité des Français avec une foi sincère, de mieux en mieux ravivée ; c'est ainsi que notre anarchie intellectuelle est plus grave et plus pernicieuse que jamais.

Le remède efficace est évidemment de donner à notre pays un bon corps de doctrines sociales, avec une véritable Déclaration des droits, résumant les principes essentiels, les idées fondamentales. Et il importe de remarquer que notre constitution politique actuelle se contente d'établir les grands pouvoirs, en se dispensant de toute affirmation de principes. Avec grande raison elle montre que les principes ne doivent pas s'édicter en lois positives ; que dans notre état de civilisation le soin de les élucider, de les préciser, n'entre pas dans la tâche du législateur, mais incombe aux écoles de philosophie et de droit, aux sociétés d'études ou académies des sciences morales et politiques.

L'*Essai* présenté a pour but de provoquer, d'aider à l'élaboration de ce corps de doctrines et de cette Déclaration nécessaires à notré pays. Depuis trois ans il est examiné et corrigé par diverses sociétés d'études ; il a même été déjà imprimé pour une société académique. On peut dire qu'il est le résultat d'un concert d'efforts émanant d'hommes de bon vouloir, lancés dans diverses carrières, animés d'un vif patriotisme, dégagés de tout esprit de parti, profondément impressionnés des souffrances de leur pays. Une désignation plus précise des personnes ayant participé à l'*Essai* est superflue. Elles croient travailler à une œuvre qui doit rester impersonnelle, sans l'attache d'aucun nom particulier, et surgir comme l'ouvrage de la France entière, c'est-à-dire de tous ses penseurs et érudits de bon vouloir.

Les éléments du corps de doctrines, les principes présentés ont été dégagés des erreurs du philosophisme et du gallicanisme ; ils ont été puisés à l'enseignement des meilleurs maîtres. Le point de départ est, comme dans Aristote, la considération du but de l'homme, de sa fin dernière ; et l'on s'aide, comme l'a fait saint Thomas, des données de la foi chrétienne, pour préciser cette fin dernière et les moyens de l'obtenir. Il a semblé enfin qu'il fallait se conformer à la philosophie dont l'orthodoxie est incontestable : car les assertions doctrinales se séparant de la religion, la contredisant, subissent de telles variations continuelles, qu'il n'est pas rationnel de s'y fier. Seulement, pour avoir le corps de doctrines complet, répondant à tous les besoins de notre temps, il ne peut convenir de reproduire un cours ordinaire de philosophie pratique des écoles catholiques. Dans l'*Essai*, il a paru bon d'user de classifications différentes et de distinguer les matières en cinq parties, comme il est marqué au *sous-titre* de la brochure[1].

Mais, pour éditer une pareille œuvre, pour donner une publication satisfaisante du corps entier des doctrines sociales, il faut du temps et surtout un grand concert d'élaborations.

Il ne s'agit à présent que de soumettre au jugement de tous la nouvelle Déclaration des droits de l'homme, résumant la première partie. Que l'accord des esprits se fasse sur un tel acte, et le corps de doctrines s'ensuivra vite, et notre pays sera en bonne voie de guérir de son grand mal, l'anarchie intellectuelle ; seulement, qu'on ne l'oublie pas, la Déclaration présentée n'est qu'un essai, qu'il faut tâcher de perfectionner.

La nouvelle Déclaration résume, en 38 articles, les grands principes sur l'existence de l'homme et des sociétés, avec assez de précision pour qu'ils soient bien compris, pour que les fausses interprétations et les erreurs sociales soient évitées. En étant ainsi formulée, elle a beaucoup plus d'étendue que celle de 89. C'est la table des 38 articles qui rappelle mieux, par ses dimensions, cet acte fameux. Mais la table, avec son texte écourté, énigmatique, énonce à peine les idées caractéristiques. Elle ne doit servir qu'à rappeler le contenu de la Déclaration, à montrer rapidement l'ordre très logique suivi dans le résumé.

1. Voir la note H, expliquant cette division du corps des doctrines sociales en cinq parties.

Les remarques et notes à la suite du résumé tâchent de répondre aux objections les plus plausibles. En terminant, on trouve la comparaison de la nouvelle Déclaration avec celle de 89, et l'on y voit combien il importe de compléter et de remplacer l'acte des constituants. Cependant, sur cet *Essai*, déjà communiqué à bon nombre de personnes compétentes, théologiens, professeurs de droit et de philosophie, il a été bien présumé que même ses meilleures thèses feraient l'objet de longs débats. N'y verrait-on que la matière d'études méthodiques, il n'en aurait pas moins sa grande utilité. — Qu'il ne contienne aucune assertion hétérodoxe ou contraire à une bonne philosophie, c'est le point important.

Quant aux appréciations que les partis politiques pourront faire de l'*Essai*, puissent-ils reconnaître qu'il s'offre comme un champ de conciliation et qu'il impose plus de réserve à leurs discussions passionnées ! — Sans doute ce n'est qu'à la seconde partie du corps des doctrines sociales, en examinant les conditions des services publics, que seront appréciées les prétentions des partis. Mais déjà la présente publication dit à la généralité des catholiques combien ils ont besoin de mieux se préciser les conditions d'existence des pouvoirs. — Elle leur fait comprendre qu'ils doivent s'imposer la tâche de mener à bonne fin ces efforts de régénération où s'est lancée notre patrie depuis 89, — efforts certainement louables à leur point de départ, mais malheureusement fort dévoyés par suite de 'ignorance des principes.

D'autre part, l'*Essai* s'adresse à ceux qui se déclarent ennemis des cléricaux et du catholicisme, et leur prouve que leurs attaques plausibles ne s'appliquent qu'à de fausses doctrines, conséquences d'hérésies. Les 38 articles vont leur montrer que c'est bien le christianisme qui leur a inspiré leurs bonnes aspirations.

En face de ces considérations, il est difficile de ne pas voir dans l'*Essai* une œuvre d'apaisement par la mise en lumière de la vérité. Et si ceux qu'aveuglent les passions d'une lutte désordonnée, n'en tiennent pas compte, au moins que les hommes d'étude, ayant la sagesse et le dévouement, fruits de l'expérience, de la piété et du véritable patriotisme, s'attachent à faire valoir l'œuvre et à la rendre meilleure.

La première édition de l'*Essai*, donnée par mes soins, étant épuisée, pour répondre aux demandes de sociétés d'études dont je suis membre, j'en fais paraître une seconde, où sont introduites plusieurs corrections et additions. Cette nouvelle édition est tirée à un nombre d'exemplaires suffisant pour une large publicité. Puisse la brochure obtenir l'attention que mérite son objet ! Si elle soulève de vives critiques, il en sera tenu bon compte pour rendre la Déclaration de plus en plus satisfaisante et pour mieux établir le corps des doctrines sociales.

P. Delagrange.

Paris, 8 décembre 1879.

TABLE

des 38 articles de la Nouvelle Déclaration

DES

DROITS DE L'HOMME.

1er.—Les hommes naissent pour la même destinée éternelle; elle leur donne *égalité de dignité naturelle*. — Fondement du droit, sa nécessité en raison de la nature de l'homme.

2. — La différence d'aptitudes leur impose *inégalité naturelle de conditions*.

3. — Ils se forment en *société* pour s'entr'aider à s'élever à leur destinée.

4. — L'homme doit, d'après sa nature, marcher à sa destinée par sa raison et sa *liberté*; sinon il ne l'atteint pas.

5. — Le *droit* est l'ensemble des règles pour cette marche. Il comporte la distinction des *droits* (règles de l'initiative) et des *devoirs* (obligations du rôle subordonné), ainsi que la division en *droit naturel individuel* et en *droit social*.

6. — Les soins et l'autorité des parents sont indispensables à l'être humain pour qu'il ait les premières idées du droit formant sa *conscience*.

7. — Par sa raison il doit ensuite, à sa majorité, reconnaître et se poser de lui-même les règles du droit, en s'aidant des données fournies par la religion.

8. — La religion complète, 'sans erreur, précise ces données.

9. — L'homme, en usant de sa raison, a pour droit et pour devoir de s'attacher aux enseignements de la religion.

Droit individuel précisé par la religion.

10. — Le *droit naturel individuel* est donné par le Décalogue et par les autres enseignements religieux précisant d'abord les devoirs.

11. — L'homme doit se résigner aux souffrances, expiations solidaires du mal ou péché, qui est l'abus de la liberté.

12. — Les droits naturels, dits principalement *de défense,* *de conservation*, entraînent, avec le *droit de liberté*, la responsabilité dans leur exercice.

13. — Il ne faut pas d'attachement immodéré aux biens matériels aidant à la satisfaction de ces droits.

14. — C'est le droit de l'homme de s'approprier la nature. Il doit faire bon usage de sa *propriété* et de *son industrie*.

15. — Par suite du péché originel, l'industrie de l'homme est travail pénible ; ses tendances sont dévoyées.

16. — Sans religion, pas de philosophie morale ni de droit véritable.

Droit social, son caractère.

17. — Le *droit social*, avec ses branches, consiste à définir les bons rapports sociaux en toute *nation*.

18. — Il est science d'observations et de déductions.

Établissement des sociétés par les lois et par les mœurs.

19. — Les liens sociaux donnant existence à toute nation sont : les *lois*, les *mœurs*. La coercition est le caractère essentiel des lois.

20. — Les lois des nations sont : *lois positives* ou *coutumes*.

21. — Les lois doivent, en principe, être l'œuvre des intéressés.

22. — Lois et mœurs n'ont de réalité que par les *pouvoirs sociaux* d'ordre moral et coercitif. Les pouvoirs d'ordre moral sont les plus influents sur le bonheur des nations.

23. — Les pouvoirs coercitifs, dits *effectifs*, ont le triple caractère de fonction, commandement, autorité.

24. — La coercition des-pouvoirs par fonction est la pénalité ou sanction des lois.

25. — La coercition par commandement et autorité maintient la paix comme *force publique*.

26. — Le droit des pouvoirs effectifs de sévir sur l'homme résulte d'un double mandat : de la société et de Dieu.

27. — Le mandat de Dieu impose, d'une part, dévouement, et de l'autre, soumission.

28. — Le mandat de la société établit le pouvoir effectif par contrat et acceptation formelle du mandataire. Le pouvoir n'est jamais une propriété; sans mandat il n'est que tyrannie.

29. — Le concert indispensable des pouvoirs d'une nation est donné par concordat pour l'accord du spirituel et du temporel, c'est-à-dire pour l'accord des pouvoirs d'ordre moral avec les pouvoirs effectifs ; puis par le *gouvernement* et le *souverain* pour le concert des pouvoirs effectifs entre eux.

30. — Les lois de *droit public* établissent le gouvernement et les *pouvoirs publics* institués en *services publics*. La prédominance plus ou moins

grande du gouvernement doit résulter du besoin variable de cohésion ou de liberté.

31. — Il y a nécessité d'un territoire national, où se constitue la propriété foncière, et aussi des *autonomies locales* pour les particularités d'habitat et autres. Les lois doivent régler les conditions de la propriété et de sa transmission.

32. — Le *droit privé* règle, par lois publiques, l'établissement des *lois privées* et des *pouvoirs effectifs privés*.

Perfectionnement de l'organisation sociale; utilité de la hiérarchie; erreurs à repousser.

33. — Le perfectionnement de l'organisme d'une nation est donné par sa législation bien codifiée et conforme à ses mœurs.

34. — La législation, pour assurer à chacun ses droits sociaux, doit établir les dispositions diverses conformes aux principes du droit naturel et social, principalement : 1° sur le mode d'édicter les lois; 2° sur l'établissement des pouvoirs publics ; 3° sur leurs attributions ; 4° sur les charges personnelles et réelles des membres de la nation envers elle ; 5° sur la plus grande liberté possible de leur activité individuelle et collective.

35. — Il faut, pour la liberté, que chacun ne soit astreint qu'à des lois conformes à sa condition.

36. — La différence de régime légal est particulièrement nécessaire en territoire annexé et dans les colonies.

37. — L'inégalité des conditions légales personnelles assure une bonne hiérarchie, garantie de stable prospérité. Avec les justes idées et pratiques hiérarchiques, le régime politique normal est aris-

tocratique; mais, si elles sont viciées, c'est par le régime démocratique qu'elles deviennent meilleures.

38. — Les erreurs sur les grands principes sociaux sont les causes efficaces du malheur des nations. Elles peuvent être distinguées en cinq genres saillants de fausses idées : 1° sur la raison et la liberté ; 2° sur le mandat des pouvoirs effectifs ; 3° sur leurs caractères ; 4° sur l'égalité ; 5° sur la hiérarchie.

FIN DE LA TABLE DES DROITS DE L'HOMME

TABLE DES NOTES.

ESSAI

D'UNE NOUVELLE

DÉCLARATION DES DROITS DE L'HOMME

Bref Exposé des grands principes sur l'existence de l'homme et des sociétés, pour compléter, corriger et remplacer la Déclaration de 89.

Art. 1ᵉʳ. — Les hommes naissent et vivent sur la terre pour s'élever par le développement de leurs facultés à la béatitude éternelle de l'union avec Dieu. Cette même destinée les constitue tous ici-bas en *égalité de dignité naturelle.*

Art. 2. — Chacun d'eux, malgré une parité générale de facultés spécifiques, a son caractère, ses aptitudes, sa vocation, sa profession propres. D'où résulte pour chacun des besoins individuels particuliers, nécessitant des conditions d'existence différentes. Avec l'égalité de dignité naturelle, il y a *inégalité naturelle de conditions.*

Art. 3. — Pour s'entr'aider par leurs aptitudes diverses, les hommes se réunissent, forment *société*. Mais c'est en tenant compte de sa condition distincte que chacun suit son droit chemin au but de la vie.

Art. 4. — L'homme doit discerner son droit chemin par sa raison et le suivre par l'effort de sa libre volonté; sinon il n'atteint pas la destinée indiquée. C'est une conséquence de sa nature, où la libre volonté, dite sa *liberté*, est la faculté caractéristique. Sa liberté est fausse et devient licence, si elle l'écarte de ce droit chemin.

Art. 5. — Le *droit* est l'ensemble des règles donnant à l'homme son droit chemin vers sa destinée. C'est l'ordre voulu de Dieu, ne s'accomplissant qu'avec la libre coopération de l'être humain; c'est le grand critérium du bien, du juste. Il comporte nécessairement la distinction des *droits* et des *devoirs*, ainsi que sa division en *droit naturel individuel* et en *droit social*. Les droits disent les règles de la spontanéité, de l'initiative, du rôle magistral de l'homme; ils entraînent l'idée d'une faculté, d'un pouvoir d'opérer, et paraissent particulièrement importants. Les devoirs sont les obligations ou règles du rôle subordonné de l'homme.

Art. 6. — Aux premiers temps de son existence, l'être humain ne prend son développement physique et moral que par les soins de ses *parents* ou de leurs suppléants. Leur *autorité*, parfois *coercitive*, doit lui donner l'éducation et former sa *conscience*, lumière intérieure, première connaissance sur le droit.

Art. 7. — L'homme, arrivant à son complet développement physique, dit sa *majorité*, doit reconnaître le droit par sa propre raison, s'imposer lui-même des règles et devenir ainsi pleinement responsable de sa conduite. Il tombe vite dans l'aberration, s'il n'admet pas que les données essentielles sont fournies par la religion et viennent de Dieu même. Il ne s'affermit dans la vérité et la bonne voie qu'en écoutant les ministres du culte, divinement institués pour être dépositaires des vérités fondamentales et les enseigner à toute la terre.

Art. 8. — La religion complète, sans erreur, précise à l'homme sa nature et sa destinée, le rôle de sa libre volonté en rapport avec la providence et l'amour de Dieu. Elle lui résume ses droits et ses devoirs, sa tâche et son but, en lui affirmant qu' « il est mis au monde pour connaître, aimer et servir Dieu, et gagner ainsi la vie éternelle. »

Art. 9. — Par sa théologie, la religion fournit à la raison, à la philosophie, les bases nécessaires pour progresser solidement dans tout ordre de connaissances. — Sans ces bases, les plus déplorables aberrations se produisent sur les points essentiels. Le *droit* et le *devoir* pour l'homme, en usant de sa raison, sont de s'attacher aux enseignements de la religion.

Art. 10. — Le *droit naturel individuel* comprend les règles et obligations s'adressant à la liberté de l'homme et inhérentes à sa personne, à sa nature perfectible, indépendamment des conditions sociales. Il est donné par la religion, ordinairement sous le nom de *morale*. Elle le précise par le Décalogue et les prescriptions de ses docteurs. Elle dit les devoirs, obligations envers Dieu, autrui, soi-même, et envers la famille. Elle affermit la famille comme institution fondamentale, indispensable à l'humanité, en établissant par sacrement le mariage indissoluble, en honorant sa fécondité et en soutenant l'autorité paternelle. Elle recommande la fraternité entre les hommes. Elle les exhorte à la vertu et à la résignation dans la souffrance. (*Voir la note* A.)

Art. 11. — L'homme doit subir la souffrance, expiation du mal ou péché, qui est l'abus de la liberté. La religion distingue les péchés d'après leur gravité. Réglant son action par le droit ecclésiastique, elle aide avec les sacrements à les éviter ou à les expier en usant des peines dites *pénitences*. Dans la souffrance de l'expiation, il y a pour l'homme solidarité avec ses parents et son prochain, la solidarité se produisant en démérite comme en mérite.

Art. 12. — Les droits naturels individuels ont pour objet la satisfaction des facultés et besoins de l'homme. Ils sont dits principalement droits *de conservation* et *de défense*. Le droit *de liberté* les concerne tous; il entraîne dans leur exercice, comme dans l'accomplissement des devoirs, la responsabilité ou imputabilité, le mérite ou bien le démérite

Art. 13. — Il faut user de ces droits en subordonnant leur satisfaction au soin de gagner la vie éternelle, et ne pas porter un attachement immodéré aux biens matériels aidant à cette satisfaction; cela conformément à ces paroles: « Cherchez d'abord le royaume de Dieu, et le reste vous viendra par surcroît. »

Art. 14. — C'est le droit de l'homme affirmé par son Créateur de dominer ici-bas sur la nature vivante et inanimée, de se l'approprier par *son industrie*, d'en faire *sa propriété, son bien*. La religion prescrit le respect de la propriété d'autrui; elle recommande à chacun d'user de son droit de propriété, non en égoïste, mais libéralement, avec charité, en dépositaire et dispensateur de son bien pour l'utilité de son prochain, en même temps que pour ses satisfactions personnelles. Elle veut que l'industrie humaine tienne compte des besoins moraux comme des besoins matériels, vise au progrès de la *civilisation*, sans oublier l'*art*, expression du beau, du bien, aidant l'homme à glorifier Dieu.

ART. 15. — Tous les hommes subissent la déchéance du péché originel, la grande faute des premiers parents. Par cette cause, en tout genre d'industrie, pour obtenir de bons résultats, il leur faut des efforts pénibles: le *travail* leur est obligatoire. De plus, en raison de cette tache originelle, leurs tendances sont souvent incohérentes et les poussent à l'encontre de leur destinée et du droit. Par suite, l'autorité coercitive leur est indispensable dans leur première éducation et très utile dans toute leur vie.

ART. 16. — La religion, en précisant les règles et obligations essentielles du droit naturel individuel, laisse cependant la philosophie morale tirer les déductions de ces données, pour aider à établir les diverses branches de la science du droit. Ainsi sont à distinguer les croyances nécessaires des opinions probables. Il importe, afin que ces dernières soient mieux reçues par la raison, qu'elles forment un corps de doctrines logiques, méthodiques, sans cesser d'être imprégnées de l'esprit de charité et d'amour des hommes en Dieu. Comme l'histoire montre que toute philosophie morale qui refuse d'appuyer ses doctrines sur la religion, donne vite preuve d'aberrations, on peut affirmer aussi que sans religion le droit naturel fait défaut, le droit social manque de base: c'est-à-dire que, sans religion, il n'y a pas de droit véritable.

Art. 17. — Le *droit social* détermine les bons rapports des hommes en société. Tous les genres d'associations et de relations sociales se produisent dans les *nations*, sociétés réglées, permanentes, indépendantes, entre lesquelles l'humanité entière se répartit. En conséquence, le droit social consiste à définir les bons rapports sociaux et les justes conditions d'existence pour toute nation, en considérant dans chaque nation et le corps social qu'elle présente et les personnes qui, formant la nation, sont comme les membres et éléments du corps. — Pour mieux établir les justes conditions dans les divers ordres de fait, le droit social comprend trois branches principales : droit public, politique et administratif; droit privé, civil et professionnel; droit des gens, de paix et de guerre. La *nation* est dite aussi *patrie* : ces deux expressions marquent que l'enfant, par le fait de sa naissance, entre dans l'association de ses parents. (*Voir la note* B.)

Art. 18. — C'est surtout comme science d'observations de déductions que se pose le droit social, parce que les .ommes ont à user de leur droit de liberté en établissant leurs rapports sociaux, en se formant en nations ; et pour juger de ces rapports, pour en dire les principes, les règles, il ne suffit pas de discerner s'ils sont bien déduits du droit naturel. Leur valeur, leur bonté se constatent par l'aide plus ou moins efficace qu'ils donnent à l'homme pour s'élever à sa destinée; or une telle appréciation doit résulter surtout de 'expérience et des enseignements de l'histoire.

Art. 19. — Chaque nation n'existe que par ses liens sociaux. Ils se rangent en deux catégories: les *lois*, obligations coercitives au besoin ; et les *mœurs*, pratiques ne s'imposant que par libre assentiment, dit *moral*. En règle générale, lois et mœurs, pour être bonnes, doivent être conformes au droit naturel individuel. — Les lois sont impératives, prohibitives ou facultatives ; même dans ce dernier cas, pour faire respecter la faculté donnée, elles ont le caractère coercitif, qui leur est essentiel. (*Voir la note* C.)

Art. 20. — Les lois des nations se distinguent en *lois positives*, établissant les obligations par un texte précis convenu, et en *lois coutumières* ou *coutumes*, usages que les intéressés rendent coercitivement obligatoires. Le mot *loi*, dans la vie des nations, prend ainsi une signification spéciale, essentielle, qu'exprime le qualificatif *légal*, distinct de *légitime*, expression du sens général, c'est-à-dire d'un rapport nécessaire, conforme à l'ordre, au droit.

Art. 21. — En principe, les lois positives, comme les coutumes, doivent être œuvres des intéressés : vu que, dès leur majorité, ils sont responsables de leur obéissance, même forcée, aux obligations légales, et qu'ils ont un droit conditionnel de s'expatrier, s'ils ne veulent pas s'y soumettre ; vu surtout que la société avec ses lois est faite pour l'avantage de ses membres. Mais leur intervention pour les lois positives ne peut ordinairement se produire que par représentation ou délégation.

Les nations ont besoin de la coercition des lois ; les mœurs n'ont jamais suffi à leur donner existence. Seulement les mœurs laissent à l'homme plus de liberté, sont plus conformes à sa dignité ; c'est un bien quand elles dispensent des lois.

Art. 22.—Les lois et les mœurs n'ont de réalité que par les pouvoirs sociaux. Ceux-ci sont toujours personnifiés. Ils se distinguent en pouvoirs *d'ordre môral* et en pouvoirs *coercitifs*, dits aussi pouvoirs *effectifs*. — Sont légitimes pouvoirs d'ordre moral, les ministres de la religion, dits pouvoirs *spirituels*; les pères de famille et les personnes influentes par leur sagesse, dites *autorités sociales*. Les mœurs et les meilleurs éléments de la valeur d'une nation dépendent surtout de ces pouvoirs d'ordre moral. (*Voir la note* D.)

Art. 23. — Sont pouvoirs *effectifs* toutes les personnes dont l'action spécifique s'établit par les lois et est coercitive au besoin. Sont compris naturellement dans cette catégorie les pouvoirs législatifs édictant les lois positives ; mais la dénomination concerne surtout les pouvoirs qui les appliquent. A tout pouvoir effectif sont inhérents trois caractères : 1° la *fonction*, en tant qu'il applique et fait fonctionner la loi; 2° le *commandement*, pour conduire à un résultat réel ; 3° l'*autorité*, pour être profitable aux subordonnés. La part de ces caractères varie dans chaque pouvoir suivant son rôle ; mais aucun des trois ne doit être exclusif des deux autres, parce que le pouvoir effectif ne doit s'exercer qu'en vertu d'une loi, dans un but spécifique déterminé et pour le bien de l'homme [1].

---

1. Chez certaines nations on constate le soin de faire prédominer un des trois caractères dans leurs pouvoirs effectifs divers. Elles offrent ainsi trois genres de régime social distincts et qualifiés par des dénominations courantes : 1° le régime *patriarcal*, donné par le caractère d'*autorité ;* 2° le régime *militaire*, par le caractère de *commandement ;* 3° le régime *civil*, par le caractère de *fonction*.

Art. 24. — La coercition dont use le pouvoir effectif pour faire fonctionner, exécuter les lois, est leur *pénalité*, dite aussi leur *sanction*. Les pénalités des lois, ou peines légales, se distinguent des peines et pénitences en expiation du péché, parce qu'elles ont un but social. Elles doivent tendre à préserver la société du désordre, en prévenant par la crainte de leur rigueur le manquement aux lois, en réparant le tort dès qu'il est commis ; de plus, elles doivent viser à amender le coupable.

Art. 25. — Les pouvóirs effectifs exercent aussi la coercition en agissant avec les caractères de commandement et d'autorité, pour faire marcher dans l'ordre, sauvegarder les intérêts communs et maintenir la paix. Ils saisissent les perturbateurs et appliquent les peines légales ; ils répriment par la force ceux qui violent la paix ; s'il le faut, ils les frappent à mort, en usant du droit de guerre. Pour la défense de la paix et des intérêts nationaux, les pouvoirs effectifs constituent la *force publique*, qui au besoin peut comprendre tous les membres de la société capables de porter les armes et d'être prêts à sévir contre les ennemis, conformément au droit de guerre. L'action de la force publique d'une nation dispense le plus possible chacun de ses membres d'user du droit naturel individuel de défense.

Art. 26. — Le droit des pouvoirs effectifs et de la force publique de sévir sur l'homme par pénalités, répresssions, violences de guerre, résulte de ce qu'ils agissent au nom et par *mandat exprès de la société ;* et le droit est valide, parce que ce mandat de la société, de la nation, est toujours accompagné du *mandat implicite de Dieu,* qui seul peut rendre licites les sévices sur l'être humain. Le principe de ce double mandat, conforme à l'enseignement religieux, est fondamental pour l'établissement des pouvoirs effectifs.

ART. 27. — Le mandat divin impose, d'une part, aux personnes exerçant les pouvoirs effectifs, le dévouement envers les subordonnés ; et, d'autre part, à ces subordonnés, soumission, obéissance, respect envers les pouvoirs : leur résister par la force, est rébellion condamnable. Cependant, si les exigences du pouvoir sont abusives, il faut en appeler ; et si c'est en vain, si ces exigences sont formellement contraires au droit naturel, la résistance passive devient un devoir, sauf à échapper par l'expatriation à la contrainte. Puis, si une personne tenant un pouvoir indépendant, même illimité, exerce une action obstinément perverse et corruptrice, il est licite aux subordonnés de lui enlever le pouvoir, pourvu qu'ils évitent d'être juges et partie dans le conflit, et que, préalablement à la déposition de la personne exerçant le pouvoir, un arbitre impartial ait prononcé son indignité. (*Voir la note* E.)

ART. 28. — Le mandat de la nation établit les pouvoirs effectifs en les personnifiant ; il est la condition essentielle de toute légitime action coercitive dans la société ; il doit ne se produire que d'après une loi positive ou coutumière. Les procédés et formes pour établir et personnifier les pouvoirs sont fort divers ; mais il est de bonne règle que la loi déterminant le mandat exige contrat et acceptation formelle lu mandataire, et même pour ce dernier avec le serment dit *fonctionnel* ou *professionnel*. Quel que soit le mode de désignation du mandataire, le pouvoir ne doit jamais être considéré comme une propriété. Sans mandat il n'est que tyrannie, sa coercition est illégale et peut être légitimement repoussée.

ART. 29. — Le concert des pouvoirs sociaux en toute nation est indispensable, si disséminés qu'ils soient dans le corps social. Il est donné par *concordat*, convention positive ou même coutumière, pour l'accord entre les pouvoirs spirituels et temporels, c'est-à-dire d'ordre moral et effectifs. — Puis, pour le concert des pouvoirs effectifs entre eux, il faut le *gouvernement,* formé d'organes dits *ministres,* ayant à leur tête le *souverain,* pouvoir effectif suprême, *chef de l'État,* personnifiant la nation, surtout en face des autres peuples.

ART. 30. — Les lois de *droit public* établissent le gouvernement et le souverain, ainsi que tous les pouvoirs effectifs subordonnés. Ces pouvoirs sont dits *publics,* parce qu'ils sont considérés comme nécessaires pour régir le *peuple* (c'est-à-dire tous les individus formant la nation), et pour prendre soin des intérêts communs, dits aussi *publics.* La disposition caractéristique à leur égard est que la nomination des personnes chargées de les exercer se produit par un acte patent, émanant de la volonté des mandataires de la nation. En raison de la diversité des soins auxquels doivent s'appliquer les pouvoirs, ils sont distingués en plusieurs genres et sont reliés dans chaque genre par leur institution en *services publics.* Est également compris dans le droit public l'établissement des pouvoirs législatifs joints au gouvernement pour édicter les *lois publiques positives.* Le principe sur la prédominance et l'action centralisatrice du gouvernement est de satisfaire au double besoin très variable de cohésion nationale et de liberté. La forme du gouvernement et son rôle doivent par suite être en rapport avec l'état de la nation. Ainsi parfois il n'exerce qu'un contrôle répressif sur les pouvoirs effectifs. Chez d'autres peuples, au contraire, son omnipotence est absolue, et les divers genres de pouvoirs sont même considérés comme réunis dans la personne du souverain: alors c'est de lui, comme mandataire général de la société, que, directement ou par intermédiaire, émane toute action légale ; alors aussi ce souverain apparaît comme l'âme du corps social. (*Voir la note* E.)

La nation envisagée principalement dans l'action de ses pouvoirs publics est dite *État.*

ART. 31. — Pour l'existence de toute nation, il lui faut disposer, sur la surface terrestre, d'une portion déterminée, dite *territoire national*, où se constitue la propriété foncière. Et, dans les diverses régions ou parties de ce territoire, les particularités d'habitat sont assez différentes, les intérêts des populations assez distincts, pour tenir grand compte de ces dissemblances. C'est là un besoin, un véritable droit pour les membres d'une nation. Il y est donné satisfaction par l'institution des autonomies locales. Elles groupent les gens d'après les circonscriptions territoriales qu'ils habitent et en considérant aussi leurs propriétés foncières. Ces circonscriptions de divers degrés, dites *communes, cantons, provinces,* ont des lois propres et tout au moins des pouvoirs publics qui leur sont inhérents, les personnifient, tout en restant subordonnés au gouvernement national.

La propriété foncière ou mobilière, quoique existant de droit naturel, doit être réglée dans ses conditions multiples et variables, particulièrement pour sa transmission, par les lois positives ou coutumières. Il est conforme au droit naturel que chacun règle son héritage à sa mort ; et, s'il meurt intestat, que sa propriété revienne à ses héritiers naturels, enfants ou parents.

ART. 32. — Le *droit privé* concerne l'activité individuelle ou collective dite *privée* et ainsi qualifiée en tant qu'elle se manifeste en dehors des services publics. Des lois publiques sont indispensables dans le droit privé, pour empêcher l'action abusive des particuliers. Mais elles doivent laisser toute latitude à leurs conventions légitimes et valides, qui, comme telles, exigent consentement et capacité des contractants, ainsi que matière certaine et licite des contrats. Ces conventions font *lois privées* entre les parties; elles établissent aussi les institutions contractuelles dites associations libres, corporations, ateliers, société domestique, etc., où peuvent se produire des *pouvoirs effectifs privés*, dits patrons, maîtres, directeurs. Mais ce n'est qu'autant que les lois publiques, positives ou coutumières, admettent ces pouvoirs effectifs privés, leur confèrent mandat, que leur action coercitive est licite. L'exécution des lois privées doit être toujours assurée par les pouvoirs publics. (*Voir la note* G.)

ART. 33. — Dans chaque nation, le perfectionnement et le bon fonctionnement de son organisme se produisent par la législation :

D'abord par les lois de droit public, distinguées en lois constitutives, dites *de droit politique*, et en lois d'application, dites *de droit administratif :* le droit public pose alors nettement la distinction des services, — mais non leur séparation ;— il précise suffisamment le rôle de chaque pouvoir, le genre de prescriptions, dites ordonnances, décrets, arrêtés, décisions, ordres, arrêts, jugements, que peuvent édicter certaines fonctions; il fixe aussi les charges imposées aux particuliers pour l'entretien des services publics ;

Puis par les lois de droit privé, distinguées en lois *de droit civil*, concernant les conditions essentielles générales pour les personnes et leurs propriétés, et en lois *de droit professionnel*, réglant autant que de besoin le travail, l'exercice des diverses industries ;

Enfin par la codification méthodique de chaque catégorie de lois publiques ou privées.

Il importe qu'en s'établissant ainsi, la législation se maintienne en concordance avec le caractère de la nation, avec ses bonnes mœurs, et que les Codes n'empêchent pas les coutumes légitimes de surgir.

ART. 34. — Toute nation doit s'attacher surtout à se conformer, dans sa législation et ses institutions, aux principes du droit naturel individuel et du droit social. A cet effet, les dispositions suivantes sont principalement à observer, afin d'assurer les droits et les devoirs de chacun :

§ 1. Pour l'établissement des lois, tout en tenant compte de la nécessité des capacités techniques dans leur élaboration, y faire participer les intéressés, au moins par leurs représentants; former les pouvoirs législatifs en assurant cette représentation, dont le mode doit varier suivant le genre des lois à édicter et surtout d'après l'état de civilisation et les mœurs de la nation ; la variété de mode comportant même le mandataire unique, dit *tribun, césar*; excepté toutefois s'il s'agit des lois constitutives, organisant le gouvernement et les pouvoirs législatifs nationaux, parce que ces lois sont comme le pacte d'union et nécessitent de droit l'intervention aussi directe que possible de tous ceux qui composent la nation.

§ 2. Pour la désignation, la nomination et l'investiture de chacun des pouvoirs publics, adopter le mode qui, en raison des mœurs existantes et du rôle de chaque pouvoir, donne le mieux la garantie d'un bon choix du mandataire ; mais maintenir sur l'exercice du pouvoir, même souverain, le contrôle et la responsabilité assurant l'accomplissement du mandat.

§ 3. Ne confier au gouvernement, aux fonctionnaires publics divers, que l'étendue de pouvoir nécessaire à leur tâche ; laquelle concerne, soit la vie intérieure du corps social, soit les relations extérieures : — pour ces dernières, tenir à ce que la nation prenne son juste rôle dans l'humanité, en se conformant, dans ses rapports avec les autres peuples, aux règles du droit des gens, de paix ou de guerre, et surtout à ce principe fondamental, que les nations doivent s'entr'aider, s'efforcer d'établir entre elles des relations profitables, et en cas de conflit se dispenser de sévices inutiles ; — pour la vie intérieure, éviter soigneusement d'imposer des entraves non justifiées à la légitime initiative des nationaux, et de leur faire subir des pénalités, des mesures de répression non indispensables ; assurer la liberté de leurs rapports, de l'expression de leur pensée, en tout ce qui n'est pas contraire à l'ordre public et aux bonnes mœurs.

§ 4. Pour l'entretien des services publics et pour l'utilité commune, n'imposer aux membres de la nation les obligations, contributions, charges personnelles et réelles, que par des lois et dans la mesure indispensable ; répartir les charges équitablement et principalement en raison de la propriété de chacun [1] ; — pour former ou compléter la force publique en imposant l'obligation du service militaire (qui, en droit, est exigible de tout homme valide), éviter le plus possible de maintenir les gens sous les armes pendant un temps assez long pour nuire gravement au métier de chacun ; — viser en toute institution et charge publiques à ne pas gêner les justes pratiques professionnelles, et à faciliter l'aisance générale, l'accroissement des familles.

§ 5. Ne poser que les règles nécessaires à l'ordre public, aux bonnes mœurs, sur les soins que chacun entend donner à la religion, à sa famille, à l'éducation de ses enfants, à sa propriété, à son industrie professionnelle; admettre qu'il est permis de faire ce que ces règles, ces lois ne défendent pas, même quand la liberté devient licence, pourvu qu'elle ne soit pas manifestement contraire aux bonnes mœurs; ne pas donner un effet rétroactif à ces lois; préciser les conditions d'âge et autres qui donnent la majorité.

En même temps, pour la liberté des actions collectives, permettre tout genre d'associations non contraires aux bonnes mœurs et à l'ordre public; admettre autant qu'il est utile, comme personnes vivantes aptes à contracter, les associations de tout ordre formant corps organisés distincts, autonomies privées ou politiques, sociétés domestiques et sociétés industrielles, corporations ouvrières ou scientifiques, et congrégations religieuses; puis communes, cantons, provinces aussi bien que nations. Pour ces corps sociaux, dits généralement, sous ce rapport de la faculté de contracter, *personnes civiles collectives*, du moment qu'il y a con-

____

1. L'équitable répartition des charges personnelles et réelles est affaire des plus complexes du droit public.

tinuité d'existence par leur organisation et le remplacement successif de leurs membres, maintenir la validité de tout contrat, nonobstant sa date éloignée et les changements réitérés des membres ; sauf toutefois à regarder comme de nul effet, ou au moins comme nécessitant modification, tout ce qui serait ou deviendrait incompatible avec les droits naturels et la libre responsabilité des membres successeurs.

Respecter enfin la liberté de chaque citoyen, surtout en ne cherchant pas à le soumettre à des lois dont l'assujettissement lui serait imposé sans tenir compte des différences de profession et condition, par cette seule raison qu'elles sont utilement applicables à son voisin.

ART. 35. — La même loi pour tous, autrement dit *l'égalité devant la loi*, est une disposition incompatible avec la nature humaine : — car ces expressions équivalentes signifient forcément les mêmes obligations coercitives imposées à tous les membres de la nation. Chercher la réalisation d'une telle égalité, c'est évidemment tendre à une absurde tyrannie. On doit affirmer au contraire que l'inégalité devant la loi est nécessaire à la liberté, puisqu'il convient que chacun ne soit astreint qu'aux lois conformes à sa condition. Il ne faut pas que les avantages plausibles de l'uniformité des lois fassent oublier la légitimité des autonomies et les autres conséquences du principe indéniable de l'inégalité naturelle des conditions, pour devenir ainsi une cause d'oppression.

ART. 36. — Les différences de régime légal sont nécessaires pour tenir compte des particularités qui se produisent dans toute nation, en dehors de son état général ordinaire, principalement : au cas de guerre ou de trouble, par la disposition dite *état de siège;* — pour la condition des personnes condamnées à une grave pénalité ; pour le traitement à faire aux étrangers résidant sur le territoire national ; pour les habitants des territoires annexés, à l'amiable comme par fait de guerre, surtout dans les annexions lointaines dites *colonies,* où l'autonomie est le plus indispensable, où il y a même nécessité de différences de régime légal pour les personnes d'après leur origine.

Art. 37. — L'inégalité des conditions légales personnelles est principalement utile pour établir dans le corps social la *hiérarchie;* laquelle consiste dans la distinction des rôles par degrés successifs d'importance d'action et de dignité. C'est en tout groupement l'ordre convenable ; il est particulièrement avantageux pour une nation, où il donne les classes sociales, en considérant comme de même classe les personnes ayant pareil degré de dignité, nonobstant leurs divers genres d'activité. — L'inégalité de dignité sociale, qu'établit la hiérarchie, loin d'être contraire à l'égalité de dignité naturelle résultant de la parité de destinée béatifique, facilite à l'homme cette destinée en l'aidant à s'élever ici-bas, grâce à ses degrés successifs, en lui assurant l'appui de l'autorité siégeant aux degrés plus élevés. — Les justes idées et pratiques hiérarchiques sont la grande garantie des bons rapports sociaux, surtout entre les pouvoirs et leurs subordonnés. En s'inspirant des sentiments chrétiens, elles imposent cette appréciation que les pouvoirs de tout genre sont une grave obligation incombant aux plus capables, un service exigeant d'autant plus de dévouement, d'abnégation, de régularité de conduite, que le degré est plus élevé. Elles font considérer les marques de distinction et d'honneur comme un procédé pour astreindre qui les reçoit à une plus rigoureuse discipline. Elles rendent les classes élevées vraiment dignes d'être classes dirigeantes, aptes à fournir des hommes capables pour toutes les fonctions sociales: en un mot, elles donnent à la nation une véritable aristocratie. Et le *régime aristocratique* a naturellement pour caractère propre de charger les supérieurs de faire les nominations aux fonctions inférieures, parce qu'ils sont plus compétents, plus capables de faire de bons choix. — Si les idées hiérarchiques se pervertissent dans la classe dirigeante; si cette classe devient égoïste, inepte, indigne du nom d'aristocratie, il est rationnel d'user comme remède du *régime démocratique*, dont le propre est d'établir les lois et les pouvoirs par une intervention du peuple plus directe et plus fréquente que dans le régime aristocratique. Mais la démocratie est exposée aux agissements aveugles, passionnés et dangereux : aussi sa grande sagesse consiste à viser d'elle-même au rétablissement des justes idées hiérarchiques et d'une bonne aristocratie, parce qu'il faut y voir une grande garantie de stable prospérité pour les nations.

ART. 38. — Les nations, pour marcher dans le droit et assurer leur prospérité, le bonheur de leurs membres, doivent soigneusement repousser les erreurs sur les grands principes sociaux. On peut les ranger en cinq genres, d'après leurs causes ou leurs effets.

1° — Par fausses idées religieuses et philosophiques sur la raison, la liberté, la destinée; grandes sources d'aberrations, donnant lieu principalement :

D'une part, au *faux libéralisme*, par le rationalisme et le pélagianisme, en exagérant le rôle de la raison et de la liberté, en suscitant une prétendue morale indé-

pendante, en confondant et noyant le droit naturel individuel dans un faux droit social ;

D'autre part, à l'*absolutisme inamissible* et au *socialisme autoritaire*, par le fatalisme que produisent soit le
matérialisme et le panthéisme, soit les faux dogmes religieux, plus ou moins accentués dans le mahométisme et
les religions de l'Orient, dans les hérésies chrétiennes, pro-
testantisme, jansénisme et même gallicanisme ; — avec
l'absolutisme inamissible, le droit social se confond et s'ab-
sorbe dans un faux droit naturel individuel.

2° — Sur les principes des lois et pouvoirs — par une
conséquence très saillante du premier genre d'erreurs :

Ou avec l'affirmation que le suffrage des membres de la nation dit (assez improprement) *souveraineté
du peuple* a pleine omnipotence sur tout genre d'obligations, même de droit naturel, et, par suite, que les pouvoirs sont établis sans mandat divin et toujours révoca-
bles ;

Ou bien avec l'assertion contraire que les lois et pouvoirs
sont des rapports nécessaires, sur lesquels volontés et man-
dats de la nation n'ont pas à influer.

3° — Par omission de la nécessité pour les pouvoirs effectifs du triple caractère de fonction, commandement,
autorité ; autrement dit, par prédominance exclusive de
l'un de ces caractères. — C'est ordinairement la conséquence
de trois genres de gouvernements tyranniques, pour lesquels les pouvoirs effectifs disséminés dans la nation ne
sont plus que des agents d'exécution investis d'un même
caractère exclusif. — La prédominance exclusive du caractère de fonction résulte de la tyrannie, dite *jacobine*,
d'une assemblée de représentants exerçant une omnipotence effrénée en édictant des lois que les fonctionnaires

appliquent rigoureusement. Celle du caractère de commandement se produit par la tyrannie militaire dictatoriale, maintenue sous le prétexte d'assurer l'ordre et proprement dite *césarisme*. Celle du caractère d'autorité se manifeste avec la *tyrannie du prétendu droit divin*, où, au nom de la religion, pour mieux faire le bonheur et l'union de ses sujets, le souverain, se disant leur père, s'attribue sur eux une autorité inamissible et sans limites. — Ces trois variétés de tyrannie peuvent être qualifiées pareillement de *césarisme*, parce qu'elles ont les mêmes tendances d'effacer toute autonomie, d'absorber les pouvoirs spirituels, d'établir une espèce de culte du Dieu-État, et le même résultat de corrompre et de dégrader les nations.

4° — *Sur l'égalité.* — Soit en voulant imposer l'égalité devant la loi et effacer les différences de conditions, en poussant ainsi au socialisme communiste niant le droit de propriété, cela par la fausse idée d'une égale perfection originelle, ou par une interprétation erronée du principe chrétien de l'égalité de dignité naturelle;

Soit, au contraire, en faisant complet oubli de cette dignité humaine, pour admettre toutes les inégalités, même l'esclavage.

5° — *Sur la hiérarchie.* — L'exagération des idées hiérarchiques donne lieu aux castes, à l'opinion que le pouvoir effectif est propriété héréditaire, enfin à la corruption de l'aristocratie.

Par contre, l'omission des principes de hiérarchie sociale, corollaire des idées d'égalité devant la loi, enlève aux pouvoirs le sentiment de leur dignité et les pensées de dévouement; elle ne laisse au corps social que des organes atrophiés et le prépare à la décomposition.

FIN DE LA NOUVELLE DÉCLARATION

REMARQUES

On pourrait signaler comme un sixième genre d'erreurs sociales celle de la doctrine qui depuis près d'un siècle est intitulée *économie politique*. Cette prétendue science n'envisageait dans l'humanité que l'intérêt matériel, concernant la production, la répartition et la consommation des richesses. De telles considérations industrielles et commerciales ont certainement leur grande importance, surtout technique ; mais s'y laisser entraîner au point de ne plus voir dans l'être humain qu'un agent de production et de consommation, oublier que commerce et industrie ne font que fournir à l'homme des moyens infiniment variés pour marcher dans le droit ; vouloir ainsi poser les principes, les règles générales de la production et de la consommation, indépendamment du droit, de la morale, de la science sociale et politique : vraiment, c'est là commettre une négation de principe plutôt qu'une erreur. Grâce à Dieu, en France, s'il y a eu quelque engouement pour cette prétendue science, ceux qui ont cherché à la professer ont bien vite déclaré qu'elle ne devait pas être indépendante de la morale et du droit, c'est-à-dire de la science sociale. Mais n'est-ce pas là une affirmation qu'il faut commencer par acquérir cette science sociale avant de traiter les matières dites *d'économie politique ?*

Enfin, par ignorance des principes sociaux et par suite des maux qui en résultent, il se produit encore ces conceptions passionnées, dites *systèmes socialistes*, où l'organisation sociale serait systématique, au point d'établir les rapports, les conditions de travail et même d'habitat, avec une régularité pour ainsi dire mécanique, telle que l'homme y perdrait toute liberté d'action.

Les erreurs sociales surgissent, en général, chez les peuples, non pas tant par la faute même du jugement que par la corruption des cœurs, laquelle est le fait de l'orgueil et de l'égoïsme, se traduisant, au temps de prospérité surtout, par la recherche effrénée du bien-être et des jouissances sensuelles. Et alors l'esprit, pour justifier les perverses aspirations du cœur, est disposé à soutenir les aberrations sur les grands principes sociaux, chaque individu s'attachant à celle qui sert le mieux de prétexte à ses visées, à ses agissements.

Chez la nation dont les membres subissent cette corruption du cœur et cette dépravation d'idées, bientôt, avec l'oubli du droit et l'oppression sa conséquence, surgissent les luttes et les troubles intérieurs profonds. Puis, pour ses rapports avec les autres peuples, cette nation ne sait pas non plus se tenir dans la droiture; elle se lance dans des guerres injustes. Mais les luttes intestines ou étrangères amènent de grandes souffrances, expiation forcée des fautes de la nation : si la religion permet la guerre, c'est que ces épreuves retrempent les caractères, c'est que de ce grand mal la Providence fait sortir le bien. — Les malheurs de la guerre provoquent dans la nation d'amères réflexions, raniment les bons sentiments. Alors les cœurs s'appliquent à sortir de la corruption; les efforts sont énergiques pour maintenir au moins la tranquillité matérielle et réparer les désastres. Néanmoins, tant que les erreurs sociales prédominent, elles entretiennent la nation

dans l'anarchie intellectuelle. Quels que soient les résultats matériels, les angoisses sur l'avenir sont vives et
fort justifiées. Avec le manque de vrais principes, la société
reste sans base solide ; son effondrement est toujours me-
naçant. Elle ne peut retrouver de stable prospérité que si
ses penseurs la débarrassent des erreurs en s'appuyant sur
les vérités essentielles dont l'Église est dépositaire.

Au milieu de leurs compatriotes s'agitant avec angoisses
dans l'erreur, ceux qui possèdent les vérités et com-
prennent les grands principes sociaux, ont pour obligation
de les faire connaître. Leur devoir est d'autant plus impé-
rieux, que l'anarchie intellectuelle menace davantage d'a-
mener de nouveaux désastres. En tel cas urgent, il ne faut
pas seulement qu'ils tâchent d'éclairer les esprits sur les
grands principes : ils doivent reconnaître, à l'aide du
corps de doctrines sociales basé sur ces principes, en quoi
les mœurs, les lois, les institutions, ont été viciées par les
aberrations sociales ; ils doivent préciser les réformes
nécessaires, et travailler énergiquement à les réaliser.
Et c'est leur droit irrécusable de s'appliquer ainsi à l'œuvre de réforme. Qu'ils ne s'en laissent pas détourner par
les difficultés, par les obstacles, si puissants qu'ils soient.

Mais que ces hommes de bonne volonté veillent en
même temps à ne pas se départir de la respectueuse soumission due aux pouvoirs établis. Éviter la passion, la par-
tialité dans l'appréciation des institutions en vigueur, doit
être leur grand soin. Qu'ils s'attachent à reconnaître le
meilleur parti possible à tirer de la forme gouvernementale
existante ; qu'ils soutiennent énergiquement la légalité
conforme au droit ; qu'ils se fassent reconnaître toujours
comme de bons citoyens ; enfin, qu'ils se maintiennent
dans les sentiments d'humilité et d'abnégation chrétiennes,

n'oubliant point qu'il n'y a force et vérité qu'avec la grâce de Dieu. Surtout, qu'ils s'inspirent de l'esprit de charité et de conciliation, qui sait être efficace pour effacer l'erreur chez les adversaires, pour les ramener en bonne voie, parce que cet esprit de sagesse est ingénieux dans ses procédés de controverse et qu'il évite soigneusement d'inutiles attaques personnelles.

Avec de tels agissements, avec la persévérance et le dévouement de ces chrétiens éclairés, la nation trouvera certainement des jours meilleurs par le triomphe de la vérité et du droit.

Note A. — *Sur l'article 10.* — Le droit humain tout entier, devant être conforme à la nature de l'homme, peut être qualifié *droit naturel*. La dénomination est usitée dans ce sens général dans les cours de philosophie chrétienne, et cela très logiquement : car ils exposent les principes du droit en les déduisant de considérations philosophiques sur la nature humaine, et sans invoquer les prescriptions de la religion. Ce procédé a principalement pour but de montrer que les prescriptions de la religion sont rationnelles, conformes à la nature de l'homme. Mais ces spéculations philosophiques ne sont plus à leur place, quand il s'agit, comme dans la Déclaration, de poser à l'homme ses règles de conduite. Alors il faut au contraire lui dire nettement d'abord que, pour connaître son chemin, il doit, en usant de sa raison, s'attacher aux enseignements du catholicisme : de sorte que la raison a pour grande tâche de se démontrer la justesse de ces enseignements. Puis il faut lui

affirmer que l'Église précise les règles et obligations aux-
quelles tout individu, indépendamment de ses conditions
sociales, est astreint par le fait seul de sa qualité d'homme.
Ces règles et obligations individuelles, ainsi inhérentes à la
nature perfectible de l'homme, doivent être considérées
comme une partie distincte du droit, laquelle est parfaite-
ment qualifiée *droit naturel individuel*. De même que,
dans l'arbre, la souche est distincte du tronc surmonté de
ses branches, ainsi, peut-on dire, le droit naturel individuel se distingue du droit social avec ses branches. Et cette
distinction est essentielle, parce que le droit social s'établit
autrement que le droit naturel individuel. — La qualification de *naturel* prend ici le sens de ce qui est *inhérent*
à la nature de l'être humain, et non pas seulement *conforme*. Elle marque sur la première partie du droit qu'il
s'agit non pas d'y définir l'état de nature, objet de discussions spéculatives inutiles dans la Déclaration, mais bien
de poser ce qui est inhérent à la nature de l'homme, à sa
dignité, ce qui est nécessaire à sa perfection. Par suite, il
faut ranger dans cette première partie et l'institution de la
famille et l'action de la grâce par les sacrements.—Comme
le droit social ne doit pas être qualifié de *naturel* d'après
le sens donné ainsi à ce mot, on peut dans le langage courant se dispenser d'ajouter *individuel* au titre de *droit
naturel*, attribué à la première partie du droit; et c'est ce
qui a été fait par plusieurs auteurs.

NOTE B. — *Sur l'article 17.* — La définition du droit
social ne peut non plus concorder complètement avec
celle des cours ordinaires de philosophie chrétienne, puisqu'ici les principes d'institution de la famille et de la
religion n'y sont pas compris. Avec la Déclaration, le droit

social entre immédiatement dans les questions concrètes, prises aux réalités. Il se dispense de considérations abstraites inutiles. Il donne ce qui, dans les cours de philosophie chrétienne, est présenté aux chapitres du droit social sur la société politique et civile, sur le pouvoir et son exercice : matières qui sont dites *du droit des gens* dans certains auteurs. Cette dénomination de *droit des gens* est mieux employée en la restreignant aux rapports entre nations, aux questions internationales. Mais, en se rappelant que le mot latin *gens* a la signification de *nation*, on comprend que bien des auteurs fassent de ce titre, *droit des gens*, le synonyme de *droit social*, c'est-à-dire de droit des nations pour leur existence intérieure et extérieure.

Note C. — *Sur l'article 19.* — En commençant les indications sur les nations, sur les sociétés, par la considération des liens sociaux, on se conforme en réalité à la définition des sociétés données par la scolastique : *Junctio plurimorum in communem aliquam finem suis actibus conspirantium.* — Les actes résultant de l'entente (*conspirantium*) sont évidemment le fait des lois, des mœurs : sans ces actes, il y a seulement intention de former société.

Note D — *Sur l'article 22.* — Le rôle du pouvoir est indiqué par la définition que le Docteur angélique donne de la loi en général : *Ordinatio rationis ad bonum commune ab eo qui curam habet communitatis promulgata.* — Ainsi celui qui a soin de la communauté — autrement dit le pouvoir — promulgue la loi, c'est-à-dire la fait connaître pour la faire exécuter. — Et dans cette définition, le mot *loi* a son sens général se rapportant à l'ordre moral comme à l'action coercitive. — Les distinctions présentées dans la Déclaration sur les genres et les caractères des pouvoirs, quoique étant un peu nouvelles, n'en sont pas moins exactes et importantes.

Note E. — C'est en s'inspirant des grands docteurs orthodoxes, saint Thomas, Suarez, etc., que sont posées, aux art. 26, 27, 28, les conditions d'établissement des pouvoirs effectifs. Pour préciser les divers genres de pouvoirs et l'organisme des nations, il a fallu employer des expressions nouvelles ; mais on espère que les principes de ces maîtres catholiques de la science sociale n'en sont pas moins maintenus.

Note F. — *Sur l'article 30.* — C'est en restreignant leurs considérations aux gouvernements absolus que nombre d'auteurs chrétiens ont donné sur les grands principes sociaux des idées fort différentes de celles de la présente Déclaration. Leurs idées sont imputées justement à la politique des gallicans, prise aux princes protestants, tels que Henri VIII, Jacques Stuart, etc. Ils n'admettent la société que comme un corps dont l'âme, la force vitale indispensable, est une autorité temporelle suprême, entièrement indépendante, et de laquelle découlent tous les pouvoirs. En fait, une telle autorité est bien exceptionnelle, si même elle n'est une fiction. En tout cas, elle est contraire au droit.

Note G. — Les art. 30 et 32 déterminent la différence entre les pouvoirs publics et les pouvoirs privés, entre les lois publiques et les lois privées. — Préciser le fait de cette différence peut paraître une nouveauté ; mais le fait

existe et il faut en tenir grand compte, parce qu'il est nécessaire. — En France, l'art. 1134 du Code civil établit
nettement ces lois privées. Quant aux pouvoirs effectifs
privés, voici un grand exemple de leur existence : Le capi-
taine ou patron de bateau marchand prend cette fonction,
se forme son équipage, quand il lui plaît ; il n'est pas établi par la volonté d'un pouvoir public ; il est seulement
reconnu, admis : c'est bien un pouvoir privé. Or son action coercitive légale sur son équipage n'en est pas moins
des plus graves.

NOTE H. — Les indications suivantes font comprendre
la convenance de la division du corps des doctrines sociales en cinq parties :

PREMIÈRE PARTIE. — *Grands principes sur l'existence de l'homme et des sociétés.* — Elle expose d'abord
les données fondamentales du droit naturel, conformes à
l'anthropologie de la philosophie chrétienne, à ses affirmations psychologiques et physiologiques. Puis elle précise les
règles et obligations qui font la morale, qui disent les droits
et devoirs justement dénommés *naturels individuels*,
parce qu'ils sont *inhérents* à la nature de tout individu ou
être humain. — Ensuite, en passant au droit social, elle reconnaît les conditions d'existence des nations, des sociétés
complètes, comprenant tous les genres d'associations. On y
voit comment se forme leur bon organisme, par les lois, les
pouvoirs, les gouvernements, les services publics, les codes
divers et la hiérarchie. — En terminant, on considère les principales erreurs sociales. — Cette première partie, résumée
aussi succinctement que possible, doit donner l'acte à pré-
senter comme le nouveau *Credo* social qu'il faut substituer à

celui des constituants de 89. — Il importe de conserver pour ce résumé le titre de *Déclaration des droits de l'homme* : d'abord parce qu'il y est précisé ce qu'est le droit, en distinguant ses différentes branches, chacune avec sa qualification propre, de sorte qu'en s'attachant au sens synthétique du mot *droit,* la Déclaration est bien un exposé des droits ; puis parce qu'en prenant ce mot *droit* dans son sens concret, opposé à *devoir*, on trouve qu'une exacte définition des droits est particulièrement nécessaire ; enfin surtout parce que cette dénomination marque qu'il s'agit de compléter, de corriger la Déclaration de 89.

DEUXIÈME PARTIE. — *Conditions générales des services publics, — principes du droit politique.* — La vie des nations se maintient par l'action des pouvoirs publics ; et, pour que ces pouvoirs satisfassent aux divers soins qu'exige le corps social, ils doivent être formés en plusieurs catégories dites *services publics*, auxquels préside le gouvernement. Ces vérités fondamentales sont établies dans la première partie et mentionnées dans la Déclaration des droits. — Or il faut ensuite préciser le rôle du gouvernement et des services publics, dire leurs diverses formes et organisations, montrer, en évoquant l'histoire, les circonstances qui déterminent chaque forme et les conditions que ces formes doivent remplir pour être avantageuses. On doit considérer la tâche du gouvernement, soit dans son action intérieure, que détaille le droit administratif, soit dans son action extérieure, qu'il est nécessaire de maintenir conforme au droit des gens. Et c'est là même qu'il convient de dire les règles saillantes du *droit des gens*, de paix, de guerre. —Tel est l'objet de la deuxième partie, qui donne le procédé rationnel pour poser les justes principes du droit politique.

Troisième partie. — *Conditions de l'activité privée pour le travail, la propriété, la famille, la religion, — principes du droit privé.* — Assurer aux membres d'une nation le légitime essor de leur activité individuelle, le plus vaste champ possible au développement de leurs facultés, c'est là le grand but de la réunion des hommes en société. Et comme dans l'ordre matériel le travail et la propriété sont les modes nécessaires des manifestations de l'activité de l'homme, c'est principalement du régime fait par les lois au travail, à la propriété, que dépend la réalisation du but social. De notre temps surtout on peut comprendre l'importance des principes qui doivent servir de base à un bon régime du travail. — Puis c'est dans la famille que tout d'abord l'homme trouve son essor. Elle est de par le droit naturel si bien inhérente à son existence, qu'elle doit profiter en même temps que lui de ses efforts, de son activité. — Enfin c'est la religion qui montre à chacun le but final de ses efforts ; c'est elle qui, par ses rites, ses sacrements, lui donne la force de marcher en bonne voie pour s'élever à sa destinée immortelle. La place que la société fait dans son sein à la religion est ainsi pour tous de la première importance. — C'est donc en toute raison qu'il faut chercher les principes du droit privé dans les bonnes conditions pour le travail et la propriété, pour la famille et la religion. Et une telle étude fait vite admettre la convenance de la distinction du droit privé en deux branches : droit *civil*, droit *professionnel.*

Quatrième partie. — *Conditions du concert des services publics et de l'activité privée, — principes du droit administratif.* — L'organisation des services publics et leur rôle général est établi par le droit politique. Mais, pour déterminer dans leurs détails les bons soins qu'ils doivent donner au corps social, il faut faire intervenir des considérations multiples très variées. Toutes cependant dépendent de ce principe, que la valeur des soins se mesure par le bien qu'en retirent les particuliers, membres et éléments du corps social. L'action des services publics doit donc sans cesse se concerter avec l'activité privée pour lui être utile. — Ces rapports avec les particuliers, ces soins de détail des services publics sont la matière du *droit administratif*. — Le principe général ici énoncé sur sa tâche n'empêche pas que ses règles d'application et ses pratiques varient nécessairement suivant la forme politique de chaque nation et l'état de ses populations.

CINQUIÈME PARTIE. — *Application des principes dans les professions, les mœurs, les codes, — réformes utiles.* — Pour faire application des principes à notre France comme à toute nation, pour lui rendre profitables les bonnes doctrines sociales, il faut évidemment examiner ses Codes, pour ainsi dire article par article, scruter ses mœurs dans leurs détails, considérer les particularités que chaque profession entraîne sur la vie publique ou privée de qui l'exerce. Cet examen, accompli avec le critérium des principes, peut aisément être fructueux, en faisant reconnaître nettement les défauts des institutions et toutes les mauvaises pratiques sociales. — Le remède se trouvera facilement lorsque le mal aura été bien défini. Les réformes deviennent ainsi l'œuvre de tous les gens compétents de bon vouloir, [et sont sans peine acceptées par le reste de la nation.

Voilà comment doit être compris et présenté le corps des doctrines sociales, pour n'omettre ni les principes ni l'application de chacune des branches du droit, tel enfin qu'il est nécessaire à notre époque. Et en restant, comme il a été dit, sur cette solide base de la philosophie de saint Thomas, l'ouvrage va répondre aux récentes recommandations si pressantes de notre Saint-Père Léon XIII et mériter son approbation.

DÉCLARATION DE 89

Voici, avec son préambule, cette célèbre Déclaration de 89, qu'i
faut compléter et corriger:

Les représentants du peuple français, constitués en As
semblée nationale, considérant que l'ignorance ou le mé
pris des droits de l'homme sont les seules causes des mal
heurs publics et de la corruption des gouvernants, ont ré
solu d'exposer dans une déclaration solennelle les droit
naturels inaliénables et sacrés de l'homme, afin que cett
déclaration, constamment présente à tous les membres dı
corps social, leur rappelle sans cesse leurs droits et leur
devoirs; afin que les actes du pouvoir législatif et ceux dı
pouvoir exécutif puissent être à chaque instant compaıé
avec le but de toute institution politique et soient respectés
afin que les réclamations des citoyens, fondées désormaı
sur des principes simples et incontestables, visent toujour
au maintien de la Constitution et au bonheur de tous. Eı
conséquence, l'Assemblée reconnaît et déclare, en présence
et sous les auspices de l'Être suprême, les droits suivant
de l'homme et du citoyen:

Art. 1ᵉʳ — Les hommes naissent libres et égaux eı
droits; les distinctions sociales ne peuvent être fondées que
sur l'utilité commune.

Art. 2. — Le but de toute association politique est la
conservation des droits naturels et imprescriptibles de

l'homme : ces droits sont la liberté, la propriété, la sûreté et la résistance à l'oppression.

Art. 3. — Le principe de toute souveraineté réside essentiellement dans la nation ; nul corps, nul individu ne peut exercer d'autorité qui n'en émane expressément.

Art. 4. — La liberté consiste à pouvoir faire tout ce qui ne nuit pas à autrui. Ainsi l'exercice des droits naturels de chaque homme n'a de bornes que celles qui assurent aux autres membres de la société la jouissance de ces mêmes droits : ces bornes ne peuvent être déterminées que par la loi.

Art. 5. — La loi n'a le droit de défendre que les actions nuisibles à la société. Tout ce qui n'est pas défendu par la loi ne peut être empêché, et nul ne peut être contraint à ce qu'elle n'ordonne pas.

Art. 6. — La loi est l'expression de la volonté générale : tous les citoyens ont droit de concourir personnellement ou par leurs représentants à sa formation. Elle doit être la même pour tous, soit qu'elle protège, soit qu'elle punisse. Tous les citoyens, étant égaux à ses yeux, sont également admissibles à toutes dignités, places, emplois publics, selon leur capacité et sans autre distinction que celle de leurs vertus et de leurs talents.

Art. 7. — Nul homme ne peut être accusé, arrêté ni détenu que dans les formes qu'elle a prescrites. Ceux qui sollicitent, expédient, exécutent ou font exécuter des ordres arbitraires, doivent être punis. Mais tout citoyen appelé ou saisi en vertu de la loi doit obéir à l'instant ; il se rend coupable par sa résistance.

Art. 8. — La loi ne peut établir que des peines stricte-
ment et évidemment nécessaires, et nul ne peut être puni
qu'en vertu d'une loi établie et promulguée antérieurement
au délit et légalement appliquée.

Art. 9. — Tout homme étant présumé innocent jus-
qu'à ce qu'il ait été déclaré coupable, s'il est jugé nécessaire
de l'arrêter, toute rigueur qui ne serait pas jugée nécessaire pour s'assurer de sa personne doit être sévèrement
réprimée par la loi.

Art. 10. — Nul ne peut être inquieté pour ses opinions,
même religieuses, pourvu que leurs manifestations ne troublent pas l'ordre public établi par la loi.

Art. 11. — La libre communication des pensées et des
opinions est un droit des plus précieux de l'homme. Tout
citoyen peut donc parler, écrire, imprimer librement, sauf
à répondre de l'abus de cette liberté dans les cas déterminés
par la loi.

Art. 12. — La garantie des droits de l'homme et du citoyen nécessite une force publique. Cette force est donc
instituée pour l'avantage de tous, et non pour l'utilité parti-
culière de ceux à qui elle est confiée.

Art. 13. — Pour l'entretien de la force publique et
pour les dépenses d'administration, une contribution commune est indispensable ; elle doit être également répartie
entre les citoyens en raison de leurs facultés.

Art. 14. — Les citoyens ont le droit de constater par
eux-mêmes ou par leurs représentants la nécessité de la
contribution publique, de la consentir, d'en suivre l'emploi, d'en déterminer la quotité, l'assiette et la durée.

Art. 15. — La société a le droit de demander compte à tout agent public de son administration.

Art. 16. — Toute société dans laquelle la garantie des droits n'est pas assurée, ni la séparation des pouvoirs, n'a point de constitution.

Art. 17. — La propriété étant un droit inviolable et sacré, nul ne peut en être privé, si ce n'est lorsque la nécessité publique légalement constatée l'exige évidemment et sous la condition d'une juste et préalable indemnité.

FIN DE LA DÉCLARATION DES DROITS DE 89

CRITIQUE DE L'ACTE DE 89

Comparaison avec la nouvelle Déclaration.

L'article 1er de l'acte de 89 prétend marquer les caractères essentiels des êtres humains en disant qu'ils naissent libres et égaux en droits, et il ajoute que les distinctions sociales n'existent que pour l'utilité commune. — Ces expressions incitent aux plus grosses erreurs : sur le droit, qui n'est pas du tout défini; — sur la liberté humaine, qui n'est pas distinguée de la licence; — sur l'égalité, qui naturellement, d'après ce texte, se comprend comme une égalité de conditions. Les idées sur tous ces points les plus essentiels pour l'existence de l'homme ne sont nullement complétées ou rectifiées, ni par l'article 2, qui indique mal le but de la société; ni par l'article 4, qui prétend définir la liberté et qui indique seulement les limites que la société doit tâcher d'imposer à l'initiative individuelle.—Ces premiers articles omettent si bien de parler de la famille, qu'ils font oublier l'intervention nécessaire des parents pour l'éducation et l'existence des êtres humains.

La nouvelle Déclaration a consacré ses premiers articles (de 1 à 9) à faire comprendre ce qu'est l'homme, sa dignité, sa liberté, la diversité de ses conditions et modes d'existence, l'utilité de la société, le principe des droits de l'homme, la nécessité de l'autorité des parents. — Puis les articles de 10 à 16 précisent les droits et devoirs de l'homme inhérents à sa nature, indépendamment de l'état de la société où il vit et de sa condition dans cette société. — Comme chacun des 16 articles donne un enseignement essentiel, on reconnaît, en face des articles 1, 2 et 4 de 89, comment l'ancienne Déclaration, laissant dans l'ignorance, malgré ses prétentions, a été loin d'éclairer sur les principes fondamentaux, et combien il importe qu'elle soit rectifiée, complétée, en ce qui touche le droit naturel individuel.

Puis, sur le droit social, l'article 3 de 89 définit mal le principe des pouvoirs en se contentant de dire que toute souveraineté émane expressément de la nation. Les constituants, avec leur philosophie superficielle, se préoccupaient peu du caractère divin qui est inhérent au pouvoir et par lequel s'impose le respect, se justifie l'action coercitive. De plus, d'après la Déclaration de 89, il semble que les pouvoirs effectifs publics soient les seuls ayant une existence légitime : car elle ne fait aucune mention des pouvoirs effectifs privés, tels que ceux du chef de famille, du chef d'atelier, du patron. — L'article 5, qui commence à parler de la loi, déclare avec raison que ce qu'elle ne défend pas est permis. C'est énoncer un juste principe, à condition toutefois que la loi défende d'une manière générale les actes contraires aux bonnes mœurs ; et telle est heureusement une grande prescription de nos Codes. Mais la Déclaration de 89 ne parle pas des mœurs, comme s'il n'y avait aucun compte à tenir de leur action.

L'article 6 de 89, qui définit le caractère et l'action de la loi, est la partie de l'ancienne Déclaration la plus déplorable, la plus erronée, la plus subversive : cela en ne considérant que les lois positives, en omettant les lois coutumières, et surtout en affirmant que la loi doit être la même pour tous.

La différence des conditions entraînant la diversité d'obligations coercitives, autrement dit les différences de lois, il s'ensuit qu'avec l'article 6, l'égalité des conditions devient un fait forcé. — Pour tâcher d'être conséquent avec ce fait, la dernière phrase de l'article 6 ajoute que tous les citoyens, étant égaux, sont également admissibles aux places. Il est vrai que, pour rendre cette déclaration d'égalité moins monstrueuse, la phrase énonçant l'égalité d'admissibilité ajoute ce correctif : « selon les capacités, les vertus, les talents. » Le correctif est en réalité une contradiction à l'égalité, une preuve de l'incohérence des idées. — On peut dire que l'article 6 a été édicté par les constituants dans l'entrain d'une aveugle irritation contre les grandes absurdités des différences de condition sociale à la fin de l'ancien régime. Ils étaient sous l'obsession de cette pensée qu'il fallait faire table rase, et mettre au plus vite tous les gens au même niveau. — Mais leur article 6, excellent instrument pour détruire, s'est présenté ensuite comme le grand obstacle à l'établissement d'un meilleur édifice social. Ainsi il s'oppose à ce que chaque profession se donne ses lois spéciales, positives ou coutumières : l'acte de juin 1791 contre les corporations en est une application logique ; et de même les lois privées résultant des contrats d'association ne peuvent que difficilement être admises.

Cet article 6 fait regarder comme une aberration toute hiérarchie sociale. — Puis il ne permet pas de tenir compte des conditions propres à chaque contrée, et il fait réprimer les tendances aux autonomies locales. Le principe d'égalité a été même invoqué pour faire disparaître les juridictions spéciales à certains services publics. C'est en vertu dudit article que se produisent chez nous ces efforts à tout courber et comprimer sous une uniformité qui constitue la plus extravagante tyrannie.

On peut s'étonner que le bon sens en France ne se soit pas révolté plus énergiquement contre le principe de la *même loi pour tous*. Mais en le traduisant dans le langage courant par l'expression d'*égalité devant la loi*, on s'efforce de le comprendre seulement comme l'idée de l'équité, comme une affirmation que la justice doit être assurée à tous par la loi. On fait donc des commentaires sur ces mots : *égalité devant la loi*. Ainsi l'on a inventé l'égalité proportionnelle pour exprimer que les obligations sont en rapport avec les conditions et pour prétendre que le principe admet les différences de conditions. — Mais ces interprétations sont bénévoles et illogiques. Elles ne tiennent pas devant le sens précis de l'article 6, devant ce symbole si expressif de l'égalité telle qu'elle a été voulue et proclamée, en renversant l'ancien régime, devant le niveau de maçon, l'instrument dont se sert le démolisseur pour *régaler* le terrain. — Aussi ceux qui veulent produire un bouleversement, renverser les institutions, peuvent invoquer sûrement l'article 6, vu que le propre des institutions est de hiérarchiser, de produire des inégalités. Avec l'article 6, la stabilité est impossible, et la révolution reste une œuvre de destruction au lieu de nous donner un édifice meilleur que l'ancien régime, ainsi que l'espéraient les constituants.

Voici encore d'autres remarques sur le mal que font les premiers articles de l'acte de 89 :

L'article 2 parle vaguement du droit naturel, sans dire qu'il est précisé par la religion. Or, en vertu de l'article 6, les représentants du peuple ont à faire les lois positives de tout genre ; et, comme le champ des obligations de droit naturel n'est guère déterminé, ils peuvent entreprendre sur elles à leur guise. Il en résulte que la Déclaration de 89 pousse aux grandes aberrations indiquées : au faux libéralisme, avec l'instabilité et l'ineptie des pouvoirs ; à la tyrannie jacobine ; enfin, à un état social égalitaire impossible.

Les autres articles de 7 à 17 de la Déclaration des constituants traitent de l'action judiciaire, de la pénalité, de la liberté de la presse, de la force publique, des contributions, de la séparation des pouvoirs et du respect de la propriété. Sur ces matières, les idées essentielles sont mal exprimées ; et, si les erreurs sont là moins graves que celles qu'impliquent les premiers articles, on est loin d'y trouver seulement de justes principes.

Au contraire, dans la nouvelle Déclaration, par les arcles de 16 à 37 sont exprimés les principes essentiels du droit social. Ainsi sont précisés : — les divers liens sociaux, mœurs et lois positives ou coutumières, les divers genres de pouvoirs, leurs caractères, leurs conditions de légitimité ; — puis, particulièrement à l'article 34, la législation nécessaire, d'une part, pour établir ces pouvoirs dans leur juste rôle ; d'autre part, pour assurer à chacun la condition la plus avantageuse, pour munir toute personne des privilèges qui l'aident à progresser, suivant sa profession, dans la hiérarchie sociale. — Enfin l'article 38 et dernier, en énumérant les grandes erreurs sociales avec leurs causes et leurs effets, corrobore la vérité des principes énoncés.

Cette comparaison entre l'ancienne et la nouvelle Déclaration doit montrer que, pour fermer l'ère de la révolution, pour la faire aboutir à son résultat rationnel, il faut ne pas se contenter d'invoquer la Déclaration des constituants, mais se donner un meilleur *Credo* social, — tel que la nouvelle Déclaration.

PARIS. — IMP. VICTOR GOUPY ET JOURDAN, RUE DE RENNES, 71.